Translation of the Route

Traducción de la ruta

'Wittner's poems in Adcock's deft translation fold entire but only half-seen narratives into brief glimpses, like interior lives flashing past the window of a moving train. They are delivered with a misleading directness – a garrulous voice at your ear, its utterances appearing quotidian but imbued with the weird and cryptic. We sift for clues. How to decipher a particular coffee stain, the distant tinkle of broken glass, arcane road signs, a particular shade of fallen leaf, the shadows cast by dancing laundry? Wittner is alert to these strange messages, curious about them all, and willing to embrace the not-knowing. I could read these poems every day and still find the new in them.'
– Martha Sprackland

'Poems of the radiant everyday. In Juana Adcock's warm translation, Laura Wittner's chatty, witty voice comes through with gorgeous clarity. Reading this book is like listening to a wise, beloved friend over coffee.'
– Clare Pollard

'What I really love about these poems is their clarity. They give a luminescence to the most concrete of objects. They show us how individual moments in a normal day can be the occasion for celebration, or reflection on a whole lifetime. They make me look again at the cup in my hand or the view from my window that I thought I knew.'
– Sarah Hesketh

Laura Wittner

Translation of the Route
Traducción de la ruta

Translated from Spanish
by Juana Adcock

poetry
translation
centre

BLOODAXE BOOKS

A Juan

To Juan

First published in 2024 by
Bloodaxe Books Ltd, Eastburn, South Park, Hexham,
Northumberland NE46 1BS

in partnership with
The Poetry Translation Centre Ltd
The Albany, Douglas Way, London, SE8 4AG

www.bloodaxebooks.com
www.poetrytranslation.org

Poems © Laura Wittner 2020
Translations © Juana Adcock 2024

Print ISBN: 978 1 78037 699 8
E-book ISBN: 978 1 78037 700 1

A catalogue record for this book is available from the British Library

Typeset in Minion Pro by Poetry Translation Centre Ltd

Printed in the UK by Bell & Bain Ltd, Glasgow, Scotland, on acid-free paper
sourced from mills with FSC chain of custody certification

This book was supported by a grant from Programa Sur, Argentina.
Bloodaxe Books and the Poetry Translation Centre are supported using
public funding by Arts Council England.

Contents

III. Translation of the route

I. Ten real answers to fictional questions

I. Diez respuestas verdaderas a preguntas ficticias

Por qué las mujeres nos quemamos con el horno

La marquita roja la tenemos todas.
Acá en la mano izquierda, con la que escribo
está también mi quemadura de horno.
Si la miro muy fijo, sobre el radio
se me despliega en tres:
se me tridimensiona la muñeca
y entrecerrando los ojos pueden verse
la muñeca de mi madre, la de mi abuela
y, en un tirón hacia delante, la de mi hija
picada de mosquitos, pulida y ya dispuesta
a la marca de la rejilla ardiente.

Why we women get oven burns

It's a little red mark—we've all got it.
Mine is on my left hand, the one I write with.
If I stare at my oven burn long enough
it unfolds into three above the radius:
my wrist goes three ways, other-dimensional
and if you squint you can see
my mother's wrist, my grandmother's wrist
and in a lurch forward, the wrist of
my daughter, mosquito-bitten, burnished and set
for the mark of the red hot grill.

Por qué los días malos miramos fotos de viajes

No para recordarnos caminando
por esta calle donde las luces verdes
de los semáforos se esparcían en la niebla
y en un estrato muy antiguo del cielo
también la luna hacía su numerito
sino para decirnos: una vez
dormimos frente a esta ventana
junto a este patio tomamos café
en un silencio completo
y una completa soledad
masticando este pan negro y extranjero
y anotando en tinta verde:
yo soy yo
        yo
           soy yo
                yo
                    soy
                        yo.

Why on bad days we look at holiday photos

Not to reminisce on ourselves walking
down that street where the green
traffic lights were scattered in the fog
and in a very ancient stratum of sky
the moon also did its little number
but rather to say: once
we slept in front of this window
next to this patio we drank coffee
in complete silence
a solitude complete
chewing on this foreign black bread
and writing in green ink:
I am I
    I
        am I
           I
                am
                    I.

Por qué no tiene que llover los domingos a la noche

Truena y mis hijos están en su otra casa.
Primero un trueno lejos,
después uno más cerca,
un trueno finalmente atronador
que retumba en cada cuarto vacío
y en este único cuarto iluminado
donde trabajo a medianoche.
Truena y no tengo a quién calmar
lo que por un segundo se parece
a no tener quien me calme. Pero no.
Una madre se recompone pronto
aunque los hijos estén en su otra casa.

Why it shouldn't rain on Sunday nights

Thunder roars and my children are at their other house.
First a crack of thunder far away,
then another nearer by,
finally an earth-shattering groan
tearing through every empty room
and the only lit room, where
I'm at work late at night.
There's thunder and
I don't have anyone to comfort
which for a second feels like
not having anyone to comfort me. But no.
A mother recomposes herself quickly
even if her children are at their other house.

Por qué hablamos cuando hablamos de amor

Hoy vos dijiste cenar por almorzar;
después yo dije almorzar por cenar
hablando de otra cena, otro almuerzo.
Los dos dijimos palabras erróneas
pero confío en que habrá una solución,
en que podremos retomar la senda
del bienhablar, del bienestar.

Why we talk when we talk about love

Today you said dinner instead of lunch;
then I said lunch instead of dinner
speaking of another dinner, another lunch.
We both said the wrong words
but I trust there will be a solution
where we can get back on the path
of accuracy, and accord.

Por qué es urgente salir a la ruta

¡Cómo gritamos en esa vuelta casi en u!
Tuvimos un momento de Italpark
en el espeso bosque de los cuarentipico.

Why it's urgent to get out on the road

How we yelled as we did that almost u-turn!
We had an Italpark moment
in the thick forest of our fortysomethings.

Por qué los remedios con el tiempo nos traicionan

Ese cielo cuando crucé las vías
con su jactancia de nubes en tres planos
sobre otros tres de oscuridad (la más intensa
tan opaca como el trasluz de mi cerebro)

y ese cielo cuando crucé las vías
pero el domingo, con un audaz fulgor
que era el sol dibujado, perforando
una pared de cristales de mil pisos
moderada, a la vez, por sombras de árboles
y de otros edificios y de todo
lo sombrío incipiente de las seis o las siete

tendrían que haber sido capaces
de mejorarme un poco.

Why remedies over time betray us

That sky when I crossed the train tracks
brazen with clouds across three planes
over another three of darkness (the most intense one
as opaque as my brain in the backlight)

and that sky when I crossed the tracks
though on Sunday with a bold brilliance
which was the sketched out sun, perforating
a glass wall with a thousand stories
tempered, at the same time, by shadows of trees
and other buildings and of all
the fledgling shadows of six or seven pm

should have been capable
of cheering me a little.

Por qué conviene ir a leer a bares

Si el poema te interesa
te detenés lo suficiente en esa página,
como para que se produzca
una manchita de café.
Una manchita de café
no decodificada
o con reminiscencias
de yuyal, de pespunte,
de cabeza de rana.
Esta confirmación
de la materialidad
por mano propia
adensa el poema
y ennoblece la página.
La 39, para ser exactos.

Why it is advisable to read in bars

If the poem interests you
you stop at that page long enough
for a small coffee stain to occur.
A small, undeciphered
coffee stain
not one with reminiscences
of scrubland, back-stitch,
frog's head.
This confirmation
of materiality
taking matters into its own hands
thickens the poem
ennobles the page.
Page 39, to be exact.

Por qué hay que reconstruirse a cada rato

A las ocho de la mañana, sentada ante el monitor
oigo que se barren vidrios en un espacio vecino
auditivamente conectado con el baño
pero tal vez más lejos por uno de esos trucos
que sobrevienen entre edificaciones.
Pedazos inverosímiles de grandes
arrastrados y entrechocados como con pala mecánica
una pala gigantesca, o más bien de fantasía
un instrumento de la ciencia ficción
creado para la doméstica tarea cerebral
del barrido de cascotes y cristales.

Why we must reconstruct ourselves all the time

At eight in the morning, sitting at the screen
I hear broken glass being swept up in a nearby space
aurally connected to the bathroom
but perhaps further away due to one of those tricks
of sound bouncing unexpectedly off buildings.
Implausibly large pieces
dragged and smashed together as though by a mechanical scoop
with a gigantic, or rather a fantasy, fork
a science fiction instrument
created for the domestic cerebral task
of sweeping up rubble and glass.

Por qué cuando me gusta mucho una canción tengo que imprimir la letra

La tinta me afirma sobre algo
y ya no creo que me haga tatuajes.
Más bien voy a entonar
leyendo de una hoja
acompañada por la voz cantante.
Así como pongo hielitos en el té
y los miro disolverse en su espuma
justo después de crujir y ceder.
Así como apoyo los pies
en el límite entre las dos baldosas
o sobre esta huella húmeda
que va secándose a medida que se aleja.

Why when I like a song a lot
I need to print the lyrics

Ink somehow affirms me
and I don't think I'll get any tattoos now.
Instead I'll sing
from a printed sheet
accompanied by the singing voice.
The same way I put ice cubes into tea
and watch them dissolve in their foam
immediately after cracking and yielding.
The same way I press down my feet
on the line between the two tiles
or on this humid footprint
that begins to dry upon departure.

Por qué si me postran mil veces me levanto

Los patios internos.
Los baños y cocinas con pileta cuadrada.
Los ambientes semicirculares
con ventanal corrido.
Un aro de básquet en la calle
para que tire cualquiera.
El café exacto que todo lo arrasa
y todo lo eleva durante media hora.
El cielo cuando se decolora hasta quedar en blanco.
La pronunciación de un idioma extranjero
rodeándome como una atmósfera
cargada de sentidos ocultos.
Las charlas con mi hija en el balcón.
Las charlas con mi hija en un colchón
atravesado en el living, sin sábanas.
La mano de mi hijo adolescente
en mi mano cuando nadie lo ve
trazando la misma caricia que en la infancia.
La memoria de todas las caricias
que dejaron su dibujo indeleble.

Why if they knock me down a thousand times I get up

The courtyards.
The bathrooms and kitchens with square sinks.
The semicircular spaces
with wall-to-wall floor-to-ceiling windows.
A basketball hoop on the street
so that anyone can have a shot.
The exact coffee that lays waste to it all
and elevates it all for half an hour.
The sky when it blanches.
The pronunciation of a foreign language
surrounding me like an atmosphere
charged with occult meanings.
Chatting with my daughter on the balcony.
Chatting with my daughter on a mattress
flung across the living room, no sheets.
The hand of my teenage son
in my hand when nobody sees him
tracing the same caress as in childhood.
The memory of all caresses
leaving behind their indelible lines.

II. The imperfect is our paradise

II. Lo imperfecto es nuestro paraíso

Kayak

Del largo día que pasamos juntos
rescatás, un rato antes de dormir
el momento en que llevaste el bote
hasta la salida de la playa
y al final me impulsaste y me alejé
remando con tus remos
las manos acolchadas por tus guantes
la luz menguada por la visera de tu gorra.
Te gustó, decís,
esa asistencia técnica.
Y yo, remando de regreso
vi tu pelo plateado y desbocado
que asomaba del agua marrón
como una luz de bienvenida.
¿Cuáles son tus leyes y cuáles las mías?
Eso siempre va a ser un secreto.
Nada funciona sino a los chispazos.
Chispa de pelo bajo el sol,
chispas entre remo y río,
chispas justo antes
de dormirnos.

Kayak

From the long day we spent together
you rescue, moments before sleep,
the moment in which you led the boat
out of the cove
and at the end you gave me a push and off I went
rowing with your oars
my hands padded by your gloves
the light thinned out by the visor of your cap.
You liked it, you say to me,
that technical assistance.
And me, rowing back,
I saw your silver runaway hair
peeking out from the brown water
like a welcome light.
What are your laws and what are mine?
That will always be a secret.
Nothing works if not with sparks.
Spark of hair under the sun,
sparks between oar and river,
sparks just before
we fall asleep.

Poema de amor

Todavía quedan algunas persianas
y ésta deja pasar unos sobrios recuerdos
de sol, como para que yo pueda leer
y vos dormir. Mi lectura se ensancha
con el sonido de tu respiración.
En tu sueño, ¿qué forma
toma el raspor de cuando doy
vuelta la página?

Love poem

There are still some blinds
and this one lets through some sober memories
of the sun, as if to allow me to read
and you to sleep. My reading widens
with the sound of your breath.
In your dream, what shape
does my raspy turning
of a page
take?

A un dios desconocido

No sé si pasó el tiempo suficiente
pero creo que ya puedo idealizar
ese concierto de órgano en la iglesia
que nos mantuvo a los dos en silencio
descansando del calor y de la lluvia.
¿Vos qué pensabas?
¿Cerraste, como yo, los ojos?
¿Tenías, como yo, vibrante
en la lengua el gusto del café?
Yo saqué los pies de las sandalias
y los apoyé en un almohadón
fresco, forrado de cuerina.
A vos se te cayó una moneda liviana.
Hizo un minúsculo tintín y sonreímos.
El órgano nos encantó como a serpientes
y por un rato pareció desenvolver
toda una serie de impresiones religiosas
en el sentido de algo que podamos llamar
religión: algo que englobe
el amor y la bondad y conduzca
directamente a la experiencia, ese colchón
concreto que nos refugia y nos sacude.

To a god unknown

I can't say if enough time has passed
but I think I can now start idealising
the pipe organ concert in the church
that rendered us both speechless
as we sheltered from the heat and rain.
What did you think of?
Did you close your eyes, like I did?
Did you have, like me, the taste
of coffee, vibrant on your tongue?
I slipped my feet out of my sandals
and placed them on a cool cushion
upholstered in leatherette.
You dropped a light coin.
A diminutive clink was heard and we smiled.
The organ charmed us like we were snakes
and for a while it seemed to unravel
a whole series of religious impressions
in the sense of something we might call
religion: something encompassing
love and kindness leading
directly to experience, that concrete
mattress that shelters and shakes us.

El taxi para en el semáforo

Mi hija duerme.
Estoy rodeada por el viejo barrio
al que hace veinte años que no vuelvo.
Tiene una estructura casi igual
pero muchos de los signos han cambiado.
El presente no llegó completo.
Voy contando balcones hasta el séptimo
y ahí me poso, me permito descansar
un momento porque sobre esa casa
sé todo menos quién vive ahora.
Mi hija es casi adolescente.
Apoya la cabeza en la ventana.
Cierra los ojos sin tensión.
El auto arranca.
Cuando cruzamos Juan B. Justo
llego a ver en la pared de ladrillos
al costado del balcón, el tiraje
de la Eskabe empotrada.

The taxi stops at the lights

My daughter is asleep.
I'm surrounded by the old neighbourhood—
haven't been back here for twenty years.
Its structure is almost identical
but many of the signs have changed.
The present did not make it in one piece.
I count the balconies up to the seventh
and perch there, allow myself a moment
of rest because about that flat
I know everything except who lives in it now.
My daughter is almost a teenager.
She leans her head on the window.
Closes her eyes with no tension.
The car starts.
As we cross Juan B. Justo
I glimpse the brick wall
beside the balcony, with the built-in
Eskabe chimney flue.

Rothkos

Tenemos la vista despejada:
un río de dos cuadras de ancho
una línea de costa intuida
y la masa fulgurante del cielo.
El marrón, el verde y el azul
cumplen con su dinámica, su estática,
su dilución, su densidad.
La mente se nos organiza.
"Miren", "Giró la luz", "¿Dormís?",
"¿Tienen hambre?", cosas que nos decimos
para después volver a las tres franjas
las tres anclas. Y de pronto
un bloque, un metal inesperado,
un tamaño como de pesadilla:
un barco. Un gris con blanco
que tacha todo. Va
muy lento de tan silencioso
o muy silencioso de tan lento.
Los ojos titubean, salta
el pensamiento ya domado.
Cómo hacer.

Rothkos

We have an unobstructed view:
a river two blocks wide
an intuited coastline
and a resplendent mass of sky.
The brown, the green and the blue
fulfil with their dynamic, their static,
their dissolution, their density.
The mind becomes organised.
'Look', 'The light turned', 'Are you asleep?',
'Are you hungry?', things we say to each other
before returning to the three strips of colour
the three anchors. And suddenly
a block, an unexpected metal,
a size like a nightmare:
a boat. A grey with white
striking everything out. So silent
it goes slowly
or so slow it goes in silence.
The eye falters, the tamed
mind leaps.
What to do.

Domingo al mediodía

Café y duraznos en un sillón al sol.
Este enero la luz obsesiva
va reventando nubes
una a una.
Igual de obsesivo es el tortugo
que se abre paso de ida y vuelta
entre las macetas y el
borde del balcón.
La luz prueba sus químicas
también sobre mis piernas.
Esa oscura intrusión de la vieja catástrofe.
Claro que la divinidad está acá adentro:
pasión de lluvia, ánimo de nevada
la atención puesta en que la calle esté bien húmeda
en las noches de otoño. El resto
son estas piernas bajo el sol
ahora.

Sunday noon

Coffee and peaches in a sunny chair.
This January the light, obsessive,
bursts the clouds
one by one.
Equally obsessive is the tortoise
making its way there and back
between the potted plants and the
edge of the balcony.
The light assays its chemistry
also on my lap.
This dark encroachment of the old catastrophe.
Of course divinity is here within:
passion of rain, spirit of snowfall
the attention placed on the street being very wet
on autumn nights. The rest
is this lap under the sun
now.

Sombra

Desde marzo que quiero decir algo
del pájaro fragata. Ahora es junio.
Cuando vimos los pájaros fragata
pinchados en el cielo, al principio
no nos dijimos nada. Habremos
dudado de nosotros mismos
como siempre. No era cierto
ese recorte de alas
ni era cierta la flotación sonámbula
y por supuesto era completamente falso
el presunto pterodactilismo.
Así que así quedamos:
boquiabiertos. Como ahora
que en estado de flotación sonámbula
y con la boca abierta intento
decir algo del pájaro fragata
y no sé, y ya tenemos junio encima.

Shadow

Since March I've been meaning to say something
about the frigatebird. Now it's June.
When we saw the frigatebirds
pinched in the sky, at first
we didn't say anything. We must have
doubted ourselves
as always.
Those rough-cut wings,
that somnambulist flotation
were not true
and of course the supposed pterodactylism
was completely false.
So we were left like that:
open-mouthed. Like now
in a state of somnambulist flotation
and with my mouth open
I try to say something about the frigatebird
and I don't know, June is upon us already.

Buenos días, Kenneth

Buenos días, Kenneth, me encargaron
traducir cuatro poemas tuyos
para una antología. Sabés
que te vengo leyendo salteado
desde mil nueve noventa y uno.
Pero no, no quiero ir tan atrás
y tampoco quiero mantener
esta musiquita decasílaba
porque aunque disfrutabas
la métrica regular
nunca la usaste en tus poemas.
Así que voy de nuevo:
buenos días, Kenneth,
this is just to say que esta mañana
logré interrumpir todo
para escucharte leer "The Circus".
Lo presentaste, lo leíste, después dijiste "gracias"
y acá en mi casa, en dos mil dieciocho
hubo bastante silencio para ser Buenos Aires
mientras leías, entró la luz y se puso sobre el libro
(el que se llama *On the Great Atlantic Rainway*)
y yo con el libro en la mano
fui detrás de tu voz
me escapé con el circo.

Good morning, Kenneth

Good morning, Kenneth, I was asked
to translate four of your poems
for an anthology. You know
I've followed your work on and off
since nineteen ninety-one.
But no, I don't want to go that far back
nor do I want to keep
that little iambic tune
because although you enjoyed regular metre
you never used it in your poems.
So I start again:
good morning, Kenneth,
this is just to say que esta mañana
I was able to put everything aside
to listen to your reading of 'The Circus'.
You introduced it, read it, then said 'thank you'
and here in my home, in twenty eighteen
there was a lot of silence for Buenos Aires
while you read, the light spilled onto the book
(the one titled *On the Great Atlantic Rainway*)
and with the book in my hand
I went behind your voice,
I ran away with the circus.

Me levanto a las 6

Y entre sombras voy a la cocina.
Pongo el agua a calentar, toco
tarros, frascos, muevo cosas.
Es entonces cuando sobre la ventana
una luz empieza a producirse.
No la habitual. Levanto la cabeza
para verificar, pero ¿qué es?
¿Resplandece algo rosa en los vidrios?
Saltan las tostadas. Yo me inclino
sobre mi hija para despertarla.
Tan lentamente se sienta
que me aparto para no agitarle el mundo.
Inmóvil, casi sin abrir los ojos
identifica algo que la hace dudar
ahí, cruzando la persiana.
Me mira fijo. Frunce el ceño.
Hay como un rosa, ¿no?, decimos.

I wake up at 6

And in the half-light I go to the kitchen.
I put the kettle on, touch
mugs, jars, move things.
That's when above the window
a light begins to appear.
Not the regular one. I look up
to check, but what is it?
Is there something pink glowing on the windows?
The toast pops up. I lean
over my daughter to wake her.
So slowly does she sit up
that I move away so as not to stir her world.
Motionless, eyes barely open
she notices something that makes her hesitate,
there, at the other side of the blinds.
She stares at me. Frowns.
There's a kind of pink, isn't there? we say.

Mes

Diciembre suma todos los diciembres
que puedan recordarse
y suma también brisas y fragmentos
de diciembres borrados.
Tiene la densidad de un bizcochuelo
que el calor fermentó
y volvió alucinógeno.
Entonces desconcierta
que sea al mismo tiempo
el más liviano y frágil de los meses.
Cada diciembre nuevo
retoma el anterior y el anterior
y todo lo que fuimos
desde el primer diciembre.

Month

December adds up all the Decembers
that can be remembered
and it adds up also breezes and fragments
of erased Decembers.
It has the density of a sponge cake
that the heat fermented
and made hallucinogenic.
So it is unsettling
that it is at the same time
the lightest and most fragile of the months.
Each new December
resumes the previous one and the one before
and everything we were
since the first December.

Iguazú

Primero vimos termitas.
Blancas, carcomiendo tronco.
Después, a medianoche,
se rompió la ducha del hotel.
Porque soy la madre salí entre murciélagos
a resolver la cosa.
Finalmente vimos más que toda el agua
despeñándose desde no se sabe dónde
hacia no se sabe dónde con una fuerza vengativa
que produce vapores y desfiltra en espumas
lo poco que habíamos creído filtrar. Oímos
ese rumor hambriento y sobre él gritamos
y nos filmamos en el grito.
Mi hijo es un muchacho.
Mi hija mide casi como yo.
Se formó un arcoiris.
Se borroneó, surgió con más definición.
En el remise de vuelta el conductor
nos contó de la abuela que se tiró con su nietito
del maestro abusador que también se suicidó.
Aprovechó nuestro silencio
para decir de golpe
cosas que no le dice a nadie.

Iguazú

First we saw termites.
White ones, eating away at logs.
Then, at midnight,
the hotel shower broke.
Because I am the mother I went out amid bats
to tackle things.
Finally we saw more than all the water
tumbling down from who knows where
towards who knows where with a vengeance
producing steam and unfiltering into foams
what little we had managed to filter. We heard
that hungry drone and over it we yelled
and filmed ourselves in the yell.
My son is a young man.
My daughter is almost as tall as me.
A rainbow formed.
It blurred, emerged again with more definition.
In the taxi back the driver
told us of the grandmother who jumped with her little grandson
of the abusive teacher who also committed suicide.
He took advantage of our silence
to blurt out
things he never tells anyone.

Iguazú: dice mi hija

Ahora
mientras esperamos
para subir al avión
de regreso
el agua sigue cayendo.

Ahora
cuando amanece
y me hacés el desayuno
el agua sigue cayendo.

Ahora
mientras trato
de despejar esta x
el agua sigue cayendo.

Y ahora
que dejé el libro al costado
de la cama
y ya me duermo
el agua también
sigue cayendo.

La vimos caer un rato,
ma,
pero el agua sigue
sigue
y sigue
cayendo.

Iguazú: says my daughter

Now
as we wait
to board
the plane back home
water keeps falling.

Now
when morning comes
and you make me breakfast
water keeps falling.

Now
as I try to
find this x
water keeps falling.

And now
that I've left the book beside
the bed
and I'm drifting into sleep
water still
keeps falling.

We watched it fall for a while,
ma,
but the water keeps on
keeps on
and keeps on
falling.

You are here

¿Qué vaho milagroso despiden la birome
y el mapa en papel estucado
cuando el muchacho de la recepción
rodea con un círculo eficiente el punto donde estás
y decís sí, sí,
trazá nomás mi contorno en bic azul
y mirame salir por esa puerta
a conquistar la nueva grilla?

You are here

What miraculous whiff is exuded by the ballpoint pen
and the map on stuccoed paper
when the boy at reception
marks in an efficient circle
the point where you are
and you say yes, yes,
just draw my contour in blue pen
and watch me walk out that door
to conquer the new grid?

Estar en un museo

Afuera hace calor
acá no hace calor ni frío
el olor es el clima
el clima es este aire sin olor.
Parada
en un punto preciso del paseo
delante de una obra que ocupa una pared
verifico mi cuerpo, lo dejo descansar
sobrevuelo mi historia.

To be in a museum

Outside it's hot
here it's neither hot nor cold
the smell is the weather
the weather is this odourless air.
Standing
at a precise point during the stroll
before a piece that occupies a wall
I check my body, allow it to rest
fly over my history.

Leyendo a DL en el 108

Acá estoy:
cincuenta y un años
cruzando la noche hacia el centro
en un colectivo vacío
con un libro comprado por error
que sin embargo
durante un rato
me explica entera.

Reading DL on the 108

Here I am:
fifty-one years old
crossing the night towards town
on an empty bus
with a book bought by mistake
that nevertheless
for a while
explains the whole of me.

Amplían fotos en un chat

Mi padre manda fotos de Brasilia.
Dos días después vemos La Paz
desde su habitación de hotel.
En el medio pasó por Buenos Aires
y nos saludamos por teléfono.
¿Todo bien? ¿El trabajo? ¿El avión?
Fotos de San Francisco.
Fotos de Honduras. De Vancouver.
Se mezclan verde y árido
y enseguida se mezclan blanco y cristalino
desde una y otra y otra
ventana en piso alto. Conozco
Toronto a través de su relato,
(lo puse en un poema, la di por conocida).
Mi padre viaja por trabajo.
Por el trabajo que es vivir,
mi padre viaja. A nosotros
nos hace sentir quietos
casi inmóviles
tanto despliegue paterno
incluso a sus setentaipico.
A contrahora nos llegan las imágenes
y nos decimos ¿todo bien?
¿el trabajo? ¿el avión?
¿Es correcto que estemos
siempre acá donde estamos?

They zoom into photos in a chat

My dad sends photos of Brasilia.
Two days later we see La Paz
from his hotel room.
On the way he stops by Buenos Aires
and we say hello on the phone.
Everything OK? The job? The flight?
Photos of San Francisco.
Photos of Honduras. Of Vancouver.
The arid and green blend into each other
and straight away the glass and the white
of one and another and another
towerblock window. I know
Toronto through his story,
(I put it in a poem, decided I had been there).
My dad travels for work.
For the work that living is,
my dad travels. As for us,
he makes us feel still
almost motionless
after such paternal displays
even now he's in his seventies.
At odd hours we receive the images
and say, everything OK?
the job? the flight?
Is it right for us to be
always here where we are?

Caminan siete cuadras hacia el subte

Van mis hijos unos metros adelante. La vereda
se irisa, decrece, distrae
y hay columnas, la pared, el árbol.
Los hermanos se ríen de las cosas:
de las cosas propias que son cosas del mundo.
Ella lo empuja con el brazo, él
le encaja la cadera.
La bolsa con cerezas, el vano lemon pie
que les encomendé ya perdieron el aura
rozan los bordes
desafían los nudos
no hacen más que estar a punto de caerse.
Les miro las espaldas y calibro
esa certeza de que ahí van con todo:
mi ánimo, mi voluntad, mi corazón
las frutas y la torta. Los niños
olvidan la fragilidad de lo que llevan.

They walk seven blocks to the subway

My children stomp a few metres ahead. The pavement
iridesces, decreases, distracts
and there are columns, a wall, a tree.
The siblings laugh at things—
at their own things, which are things of the world.
She elbows him, he
digs his hip at her.
The bag of cherries, the vain lemon pie
I entrusted them with have lost their aura already
skimming the edges
straining at the binds
doing nothing but be about to drop.
I watch their backs and calibrate
the certainty that off they go with everything—
my spirit, my will, my heart
the fruit and the cake. Kids forget
the fragility of what they carry.

Se ciegan un momento mientras corrigen un poema

Adónde nos lleva ese eclipse
esa estridencia súbita de luz
de sol que choca contra luz
de lámpara. Estaba nublado
y estará nublado en dos segundos.
Ahora, lo que se dice ahora,
entró un fulgor y nos abdujo
hacia cierto lugar que no sabemos
y nos volvió a dejar en nuestras sillas.
Nadie contó una sola sílaba
sobre su viaje.

They are blinded for a second whilst correcting a poem

Where is that eclipse taking us—
that sudden shrillness of sunlight
crashing against the light
of the lamp. It was cloudy
and it will be cloudy again in two seconds.
Now, what we call now,
a gleam entered and abducted us
towards a certain place unknown to us
and returned us to our chairs.
No one recounted a single syllable
of their journey.

Prueban cosas un día de vacaciones

Quisimos alimentar pájaros: volaron.
Tiramos migas al agua:
los peces no acudieron.
Finalmente nos sentamos en el muelle
debajo de un techo de latón
donde gotitas, después gotas,
después una tormenta
nos fueron cubriendo de sonido
hasta alimentarnos por completo.

They try out things on holiday

We tried to feed birds: they flew away.
We threw crumbs into the pond:
the fish didn't come.
Finally we sat on the pier
under a corrugated metal roof
where little drops, then regular drops,
then a storm
began to cover us with sound
until they nourished us completely.

Hacen vibrar la voz a las 6

Incluso en la tormenta
incluso en este amanecer oscuro
los obreros de la construcción vecina
bromean a los gritos.
Hace dos años que son existencias
meramente sonoras. Ahora
el edificio que hicieron surgir
llega hasta mi balcón: a las risas
se les suman los cuerpos.
Ya sospechaba yo
que no podían ser puro sonido
quienes trenzaban semejante materia.

They make their voices vibrate at 6

Even in the storm
even in this dark dawn
the workers at the nearby construction site
holler wisecracks.
For two years they have been a merely sonic
presence. Now
the building they caused to emerge
reaches my balcony: to the laughter
bodies are added.
I did suspect
that those weaving such matter
could not be pure sound.

Interrumpen la charla para hacer algo urgente

En la parte de arriba del mundo
están las amigas emigradas:
heroínas románticas
aventureras con gorro de piel
mujeres físicamente poderosas
que cuando llega navidad
mi cumpleaños, los actos escolares
en lugar de adormecerse de calor
salen a la puerta de sus casas
—el rostro agudo de la decisión
los puños prontos—
nada más y nada menos
que a palear nieve.

They interrupt our talk to do something urgent

In the upper part of the world
are the emigrated friends:
romantic heroines
adventurers with leather caps
physically powerful women
who, when Christmas arrives
my birthday, school events
instead of languishing in the heat
go out their front door
—the sharp face of decisiveness
fists at the ready—
no more and no less
to shovel snow.

Se inclinan sobre las macetas y confirman creencias

Planté el gajo y ahí quedó:
tres hojas rígidas
indiferentes al entorno
un tallo despectivo
con los ojos cerrados.
Cuando saliste a fumar te me quejé
de esa planta ni viva ni muerta.
Hay que tener paciencia, contestaste.
Quedé a la espera de una confirmación.
Te has pasado la vida
diciéndome que todo pasa
y todo llega.
Pasó diciembre, pasó enero
pasó casi todo febrero
y el calor y las lluvias
y el calor y las lluvias
y hoy cuando salí al balcón
de un recodo entre las hojas inertes
surgían otras dos, oscuras
conscientes de sí mismas
severas en su juventud
novísimas y sin embargo ya crecidas.
Entonces, ma,
¿era verdad lo que siempre dijiste?
Te mandé por whatsapp
la foto con el brote en primer plano.
No pareciste sorprendida.
Hay que darles tiempo,
contestaste.

They peer into potted plants and confirm their beliefs

I planted the cutting and there it remained:
three rigid leaves
indifferent to their surroundings
a contemptuous stalk
with closed eyes.
As you stepped out for a smoke I moaned at you
about this plant; neither living nor dead.
It needs patience, you said.
I waited for confirmation.
You've spent your life
telling me all will pass
and all will arrive.
December passed, January passed
almost all of February passed
the heat and the rain
the heat and the rain
and today when I went out to the balcony
from a crook among the lifeless leaves
emerged another two, dark
self aware
severe in their youth
brand new and yet fully grown.
So then, Ma,
is it true what you always said?
I sent you on WhatsApp
the photo with a close up of the sprout.
You didn't seem surprised.
They need time,
you said.

III. Translation of the route

III. Traducción de la ruta

Ma

¿Tiene semillas?
¿Tiene espinas?
¿Cuánto miedo
da el alfiler en el hilván?
¿Hasta dónde una madre
debe, para sus hijos, disolver
los obstáculos, las calcificaciones
de incertidumbre, de frío, la molestia
en el mapa, en el zapato, la arruga
de la media y el temor en general,
la ansiedad única, privada
y la otra
que nos envuelve a todos?

Ma

Does it have seeds?
Does it have bones?
How scary
is the pin marking the hem?
Up to what point should a mother,
for her children, dissolve
obstacles, calcifications
of uncertainty, cold, the discomfort
in the map, in the shoe, the wrinkle
in the sock and in general the fear,
the unique, private anxiety
and the other one
that envelops us all?

Jueves, noche

Mi hijo maniobra jugadores de básquet
en la pantalla, desde el joystick.
Mi hija pasea playmóbiles
en una vieja combi Lego
procedente de otra infancia.
Las luces están todas encendidas
y cada una cumple su función
porque enuncia otra tonalidad;
y todas juntas cumplen la función
de mandarme de gira a cada rato
a bajar teclas y repetir la antigua frase
la oración heredada: "¿Por qué
dejan todas las luces prendidas?"
Pongo música y lleno una botella
con el agua del filtro.
Cuando aparece el chisporroteo del aceite
doy vuelta una por una las batatas
porque no dejaré piedra sin mover
en la búsqueda del perfecto amor doméstico.

Thursday, nighttime

My son manoeuvres basketball players
on the screen, from his joystick.
My daughter drives playmobiles
around in an old Lego van
that comes from another childhood.
The lights are all on
and each fulfils its purpose
because it enunciates another shade;
and all together fulfil the purpose
of sending me on tour every hour
flicking switches and repeating the ancient phrase
the inherited sentence: 'why
do you leave all the lights on?'
I put on music and fill a bottle
with water from the filter.
When the speck of oil appears
I turn the sweet potatoes over one by one
because I will leave no stone unturned
in the search for the perfect domestic love.

Volví a tener un limón en la mano

Es algo tan perfecto de agarrar.
¿Esto yo lo sabía? ¿Me acordaba?
Miren mi mano: se ahueca espontánea
y no queda nada en ella que no sea
limón: lo fresco, lo rugoso, el peso,
el perfume terrible, la acidez.
No hay distancia entre la mano y el limón.
Significan lo mismo por un rato.

I once again held a lemon in my hand

It is so perfect to hold.
Did I know this? Did I remember?
Look at my hand: it cups spontaneously
and will not fit around anything that is not
a lemon: the cool, rugged weight,
the terrible perfume, the acidity.
There is no distance between the hand and the lemon.
For a while they mean the same thing.

Doblamos por Libertador

Mi hija dice que el jacarandá
le parece un árbol de otro mundo.
Que esa bruma violeta
no puede estar en nuestro mismo plano.
Siempre quise tener
una conversación así:
se me viene a dar justo
con esta nena.

We turned onto Libertador

My daughter says the jacaranda
seems like a tree from another world.
That violet mist
cannot be on our same plane.
I always wanted to have
a conversation like this:
and it happens for me precisely
with this child.

Cena

Voy a saltarlas a todas, verduritas sobrantes,
porque es domingo a la noche.
Y el domingo a la noche es este magma
de pasado y presente en día feriado
de omelettes, de salchichas y de arenques
y pan Goldstein con manteca y rabanitos
y sal, de hijos y nietos de polacos
de esa melancolía de la infancia
imprecisa, melancolía a tientas
ensayo de algo más definitivo.
De modo que prepárense, verduras.
Es noche de domingo y todo salta.

Dinner

I am going to sauté you all, left over veggies,
because it's Sunday night.
And Sunday night is this magma
of the past and present on a bank holiday
of omelettes, sausages and herrings
and Goldstein bread with butter and radishes
and salt, of children and grandchildren of Polish people
and the inexact melancholy of
childhood, a tentative melancholy
the rehearsal for something more definitive.
So get ready, vegetables.
It's Sunday night and everything is sizzling.

El origen

A Mari

Ese vocabulario acuático pero a la vez reseco
que incluye dique, embalse, olor a yerba,
dos nenas hermanas que miran
el abismo desde una pasarela,
el embudo de cemento a escala inaccesible
de una represa mientras intentan atajar
todo lo que se va, lo que se viene
para más tarde, en la bañera y en cuclillas
ver el chorro que cae
sobre el molino de juguete:
plástico que gira a la velocidad
de los diez o doce años de una infancia.

The origin

To Mari

That aquatic though dried-out vocabulary
that includes dike, reservoir, scent of maté,
two young sisters gazing at
the abyss from a footbridge,
the cement funnel at the staggering scale
of a dam while they attempt to contain
all that passes, all that is to come
so that later, in the bathtub and squatting
they can watch the stream falling
on the toy mill:
plastic turning at the speed
of the ten or twelve years of a childhood.

Qué es ese libro tan lindo

que tenés en la mano, preguntaste.
Y me sentí halagada
como si me estuvieras piropeando.
Knopf, tapa dura, 23 x 17;
lomo bordó, entelado;
sobrecubierta con detalle del retrato
de alguien francés por un pintor francés.
Te quedaste dormido en el sofá
me vino frío y fui a buscar
una manta para ponerte encima.
Había mucho silencio.
Sólo se oía un tac tac tac:
deseé que fuera la calefacción.
El frío se me hizo insoportable
aunque sabía muy bien
que era la noche de un domingo soleado
de mitad de septiembre
y que algo se escurría
por algún desfasaje sin identificar
y que por eso tenía frío.

What is that lovely book

you're holding, you asked.
And I felt flattered
as if you were complimenting me.
Knopf, hardback, 23 x 17;
maroon spine, cloth binding;
dust jacket with a detail of the portrait
of someone French by a French painter.
You fell asleep on the sofa
I felt cold and went to get
a blanket to place on you.
There was a lot of silence.
The only sound was a tack tack tack:
I wished it was the heating.
The cold felt unbearable to me
although I knew full well
that it was the night of a sunny Sunday
in mid-September
and that something was slipping away
through some unidentified misalignment
and that's why I was cold.

Las cosas oscuras

Pueden ser densas, con un núcleo profundo:
en ese caso pesarán toneladas
e irán depositándose
en los sucesivos subsuelos de la incomprensión.
O pueden ser ligeras, parpadeantes
capaces de interrumpir la luz
sin ninguna certeza: ni ellas saben qué contienen.
Como cuando mi hijo levantó la vista
de noche, hacia la ventana
y preguntó: "¿Ves eso?"
y le dije: "No. Sí. No sé. ¿Qué es?"
y me dijo: "Algo que está y no está
pero al menos lo ves vos también."

The dark things

They can be dense, with a deep nucleus:
in which case they will weigh tonnes
and will gradually be deposited
in successive subsoils of misunderstanding.
Or they can be weightless, blinking
capable of interrupting the light
with no certainty: not even they know what they contain.
Like when my son looked up
at nighttime, at the window
and asked, 'Do you see that?'
and I said, 'No. Yes. I don't know. What is it?'
and he said, 'Something that is there and not there
but at least you see it too.'

Las cosas frágiles

La pluma con la que escribo cayó al piso y se quebró.
Es la única pluma que me entiende.
Era de mi suegro, que también me entendía
y está muerto y si no lo estuviera
de todos modos ya no sería mi suegro.
Aplicamos pegamento, volví a usarla
con los dedos suaves de terror
sobre sus grietas empastadas. Volvió a caerse.
La sigo usando pero ahora
tiene además un agujero en el azul
por donde se le ve el cartucho.
Solía acompañarme a todas partes.
Ya no la saco de casa.
Sigue entendiéndome.

The fragile things

The pen I write with fell to the floor and broke.
It's the only pen that understands me.
It was my father-in-law's, who also understood me
and is dead and if he weren't
he would no longer be my father-in-law anyway.
We applied glue, I used it again
my fingers soft in terror
over its pasted cracks. It fell again.
I keep using it but now
it also has a hole in the blue
where the cartridge is visible.
It used to come with me everywhere.
I no longer take it out of the house.
It still understands me.

A mi hija le gusta el viento

Hay algo tratando de decirse
en la inmensa explanada vacía
de una playa ventosa.
En la diáspora de arena
entre las estructuras sin lona de las carpas
se dan indicaciones.
Amelia está parada
con la capucha puesta
y entrecierra los ojos
para entender mejor.

My daughter likes the wind

There is something trying to be said
in the immense empty expanse
of a windy beach.
In the diaspora of sand
among the tarpless structures of the marquees
instructions are given.
Amelia stands
with her hood up
and narrows her eyes
to better understand.

Frente a la bahía de San Juan de Puerto Rico

Todos los momentos de dolor son el descarte.
Venimos por lo otro.
Por el destello ocasional.
Los momentos de dolor
son el descarte.

In front of the bay of San Juan in Puerto Rico

All the moments of pain are the remains.
We come for the other.
For the occasional glint.
The moments of pain
are the remains.

Desmonte

Alguien está saltando a la soga
alguien se está lavando los dientes
alguien está bajando libros de una biblioteca
para meterlos en cajas y llenar los intersticios
de entradas a conciertos y postales de Córcega.
Alguien tipea y con esto
llegamos a cuatro personas
unidas por un hilo
y desunidas por otro.

Clearing

Someone is skipping rope
someone is brushing their teeth
someone is taking down books from a shelf
to put them into boxes and fill the interstices
with concert tickets and postcards from Corsica.
Someone types and with this
we reach four people
joined by one thread
and unjoined by another.

Recordatorio desde la cordura

Estar leyendo a Chejfec
de mañana temprano en un café semivacío
y recordar que me interesa el mundo
y las representaciones del mundo
y los pensamientos
sobre las representaciones
del mundo.

Reminder from sanity

To be reading Chejfec
early in the morning in a half empty café
and to remember that I am interested in the world
and the representations of the world
and thoughts
about the representations
of the world.

Hijita

Abrazás la pena existencial
y para combatirla te ofrezco fruslerías.
Te ofrezco incluso la palabra 'combatir'.
Ese camino lo marqué sin querer
pero no para que vos lo transitaras.
Yo tiré arena por encima
y después aserrín.
¿Qué hacés? No pases
con los patines
que las rueditas lo desnudan.
O sí, perdón, pasá,
la huella de las ruedas
muestra mil otros rumbos.
Dos lágrimas cayeron en el piso
pero ya estabas pensando en otra cosa:
te agachaste a marcar con el dedo
una palabra que nos hizo reír.

My baby

You embrace existential angst
and to combat it I offer you only platitudes.
I even offer you the word 'combat'.
I marked that path unintentionally
but not for you to walk it.
I threw sand on it
and then sawdust.
What are you doing? Don't go there
with your skates
because the wheels will uncover it.
Or do go there, sorry,
the trace of the wheels
reveals a thousand other routes.
Two tears fell to the floor
but you were already thinking of something else:
you stooped to draw with your finger
a word that made us laugh.

Por la Loíza (con Mara y Nicole)

Olí el ylang ylang
y no supe decir
de dónde venía tanta dicha.
Pregunté y me explicaron:
"Son esas desairadas,
apenas flores." Vi
unos manojos verde claro
de alicaídas serpentinas.
No era fácil saber
qué era hoja y qué flor.
No sé qué vi: la dicha
fue el perfume como de otro universo
y el sonido de ese nombre: ylang ylang
ylang ylang
              ylang ylang.

Down Loíza Road (with Mara and Nicole)

I smelled the ylang ylang
and couldn't tell
where so much joy was coming from.
I asked and they explained,
'It's those shrivelled
barefly flowers.' I saw
some pale green bunches
of crestfallen streamers.
It wasn't easy to know
what was leaf and what was flower.
I don't know what I saw: joy
was the perfume as if from another universe
and the sound of that name: ylang ylang
ylang ylang
            ylang ylang.

Escena

La terraza perpendicular a mi balcón
tiene un foco encendido en algún lado:
el viento sacude la ropa a secar
que hace figuras sobre la pared de enfrente.
En el centro de cada escena hay una falla.
Para todo necesito una ficción.
Alguien que me conoce mucho
habrá montado este teatro de sombras.

Scene

The terrace opposite my balcony
has a light on somewhere:
the wind shakes the washing on the line
making shapes on the wall opposite.
At the centre of each scene there is a fault.
I need a fiction for everything.
Someone who knows me well
must have set up this theatre of shadows.

Esta tarde

Fuimos a tomar café a un lugar
que nos hizo sentir extranjeros.
Es que habíamos visto las vitrinas
de mármol blanco llenas de chocolates
y cintas rojas y formas impensadas.
Hablamos en voz baja
por sobre el café denso.
Novedades del día primero;
después los grandes planes.
A la noche nadé.
Me conseguí un carril vacío
y fui y vine, atenta todo el tiempo
a mi respiración y a mis anhelos.
Estaba sola braceando y pataleando
en otro líquido denso.

Late in the afternoon

We went for a coffee to a place
that made us feel foreign.
The thing is we had seen the glass displays
on white marble filled with chocolates
and red ribbons and unimagined forms.
We spoke in hushed tones
over the thick coffee.
Updates for the day first of all;
then the grand plans.
At night I went swimming.
Got myself an empty lane
and I came and went, the whole time watching
my breath and my longing.
I was alone with my swim strokes and kicks
in another thick liquid.

Lejos de casa

Somos la oveja que duerme acurrucada
en el nido oscuro y sólido de la cigüeña.
Y lo bien que nos hace.

Far from home

We are the sheep that sleeps snug
in the dark and solid nest of the stork.
And it does us much good.

Williams y yo

Que no haya ideas salvo en las cosas;
pero llené las cosas de ideas
hasta dejarlas tan tirantes
que se vuelven polvo
si las rozo con un dedo.

Williams and me

May there be no ideas but in things
but I filled the things with ideas—
now they are so taut
they turn to dust
if I lightly touch them with a finger.

Tanto depende

del texto
con el que
llenamos
el trino
constante
de un pájaro.

So much depends

upon the text
with which
we furnish
the incessant
trill
of a bird.

Cómo es

De algún modo
una hoja
de un lila
marrón
bordó
que no puedo describir
cayó un poco al lado
un poco sobre
una hoja
de un ocre
limón
cedrón
que no puedo describir
un poco en diagonal
cayó

y no entendí
si es que el azar
produjo algo tan exacto
porque justo
dos palomas
en un árbol
se pusieron a gritar
muy muy
agudo.

How it is

Somehow
a leaf
of a violet
purple
maroon
that I cannot describe
fell a little to the side
a little
on a leaf
of an ochre
lemon
verbena
that I cannot describe
a bit slant
fell

and I couldn't understand
whether chance
produced something so exact
because just then
two pigeons
in a tree
began to chirp
very very
high.

Mi hijo me cuenta su sueño camino a la escuela

Yo estaba a cargo de un grupo de chicos.
Eran de jardín. No, de primero.
O de jardín. Se incendiaba la escuela.
Me decían: "se incendia la escuela."
La primaria, porque la secundaria
ya se había incendiado y el fuego
se apagaba, había brasas.
A los nenes chiquitos los salvaba.
Pero después tenía que sacarte a vos
del edificio de la secundaria.
Te encontraba y avanzábamos entre fogatas.
Hasta que yo, de golpe, no veía.
Porque se me nublaban los ojos.
Y te decía: "vas a tener que guiarme,
voy con los ojos cerrados."
Vos me indicabas dónde saltar un fuego
y si había que tomar carrera o no.
Yo saltaba y caía sobre un agua.
Después estábamos en casa.

My son tells me his dream on our way to school

I was in charge of a group of kids.
They were from kindergarten. No, primary one.
Or kindergarten. The school was on fire.
They told me: 'the school is on fire.'
It was the primary, because the secondary school
had already burnt down and the fire
was going out, there were embers.
I saved the little kids.
But then I had to get you out
of the secondary school building.
I found you and we moved forward amidst the flames.
Until, suddenly, I couldn't see.
Because my eyes went blurry.
And I said to you: 'you will have to guide me,
I'm walking with my eyes closed.'
You told me where to jump over a fire
and whether we needed to hurry or not.
I leapt and fell on water.
Then we were home.

En los viajes el tiempo se despliega:

nacen ramales de ramales,
riachuelos se pierden y se absorben
y de lo absorto nacen fuentes; abanicos
de horas en los que cada hora
se abre en abanico. Al volver
ese tiempo del viaje
es un bollito tirado en un rincón.
De noche, con un vapor fantasmagórico
ilumina todos los rincones.

When we travel, time expands:

branches split off from branches,
brooks are lost and absorbed
and from the absentmindedness
wellsprings are born; fans
of hours in which each hour
fans out. Upon our return
that time of the journey
is a crumpled thing flung into a corner.
At night, with a phantasmagorical vapour
it illuminates all the corners.

Traducción de la ruta

La silueta de un ciervo saltando
rodeado de lucecitas rojas:
"Cuidado:
se te puede aparecer un ciervo
elegante, maravilloso."

El dibujo en negro
de la representación
de un copo de nieve
sobre fondo blanco:
"Puede que nieve.
Y que todos seamos un cristal
flotando en el vacío."

A 200 metros rotonda.

A 200 metros un engaño
para que sin querer
te pases de la ruta nacional
a la autopista.

A 200 metros, lluvia.

A 500 metros área de servicios.

A 500 metros habrá ovejas
sentadas en medio del camino
habiendo ya pastado.
Tal vez.

A 500 metros comenzarás súbitamente
a pronunciar el castellano
como lo hacemos aquí
y no acá.

Translation of the route

The silhouette of a stag leaping
surrounded by red fairy lights:
'Beware:
a wonderful, elegant
deer may appear before you.'

The drawing in black
of the representation
of a snowflake
on a white background:
'It may snow.
And we may all be an ice crystal
floating in emptiness.'

In 200 metres, a roundabout.

In 200 metres, a deception
whereby without wanting to
you exit the national route
towards the highway.

Rain in 200 metres.

In 500 metres, service area.

In 500 metres there will be sheep
sitting in the middle of the road
having already grazed.
Maybe.

In 500 metres you will begin suddenly
to pronounce Spanish
the way we do aquí
and not acá.

A 1000 metros,
si lloviera, se inundaría.
A esa misma altura,
en ciertos meses,
el pavimento estará resbaladizo.

A 1000 metros, bajada
a un pueblo cuyo nombre
en sí mismo es ficción
un pueblo de cien casas medievales
sin habitantes a la vista
donde vas a tomar
un café tan perfecto
sentada en una barra
que no habrá manera
de que olvides el pueblo
ni su nombre
ni su café.

Y a 2000 metros
si te asomaras
verías bosques diagonales
una serie de múltiples verdes
que se entrecruzan y se arrojan en picada
y forman valles
y no estarías tan segura
de si aquello del fondo
son picos nevados
nubes
o tu propia idea
de lo que es
ser feliz.

In 1000 metres,
if it rained, it would flood.
In the same place,
in certain months,
the pavement would be slippery.

In 1000 metres, exit
towards a village whose name
is in itself a fiction
a village of one hundred medieval houses
with no inhabitants visible
where you will drink
a coffee so perfect
sitting at a bar
that there will be no way
for you to forget the village
or its name
or its coffee.

And in 2000 metres
if you looked
you would see diagonal forests
a series of multiple greens
criss-crossing and free-falling
and forming valleys
and you wouldn't be so sure
of whether the backdrop is made
of snowy peaks
or clouds
or your own idea
of what
happiness
is.

Photograph by Ezequiel Zaidenwerg

LAURA WITTNER is an award-winning poet and translator from Argentina. Her books of poetry include *El pasillo del tren* (1996), *Los cosacos* (1998), *Las últimas mudanzas* (2001), *La tomadora de café* (2005), *Lluvias* (2009), *Balbuceos en una misma dirección* (2011), *La altura* (2016), *Lugares donde una no está* (2017) and *Traducción de la ruta* (2020). She has also published more than 20 books for children, most recently *Cual para tal* (2022), *¿Y comieron perdices?* (2023) and *Se pide un deseo* (2023), and a work of non-fiction, *Se vive y se traduce* (Entropía, 2021). As a literary translator Wittner has translated books by Leonard Cohen, David Markson, M. John Harrison, Cynan Jones, Claire-Louise Bennett, Katherine Mansfield and James Schuyler, among many others.

Photograph by Kotryna Ula Kiliulyte

JUANA ADCOCK is a Mexican poet, translator and editor based in Scotland. She is the author of *Manca* (Tierra Adentro, 2014); *Split* (Blue Diode, 2019), which was a Poetry Book Society Choice and was included in the Guardian's Best Poetry of 2019; *Vestigial* (Stewed Rhubarb, 2022); and *I Sugar the Bones* (Out-Spoken Press, 2024). She is co-editor of the anthology of poetry by Latin American women *Temporary Archives* (Arc Publications, 2022), and her translation of the Mè'phàà poet Hubert Matiúwàa's *The Dogs Dreamt* received a PEN Translates award. She has also translated Lola Ancira's *The Sadness of Shadows* (MTO Press, 2024).

www.poetrytranslation.org